JN440275

투명인간

권혁재 시집

문학의전당

自序

들숨을 참고 걸었다.
몇 발짝만 더 가보자는
독행자의 다짐으로
숨을 참고 또 걸었다.
눈에 핏발이 서고
눈물이 맺히고나서야
가쁜 숨을 내뱉었다.
봄날이 가장 그리웠을
아버지 무덤 앞에서였다.

차례

1부

2부

3부

1부

유빙流氷

단단한 다짐들이 무너졌다
한 가닥 춘풍에 서로의 어깨를 밀치며
파문이 된 해빙기의 호수
얼음칼날에 베인 살점들이
파랑을 타고 강가로 밀려와
무성한 소문만 부려놓았다.
물어뜯긴 강아지 같은 울음들도
바람을 타고 와 논둑 위에 엎어져
검은 쇠말뚝을 박아 놓았다
무너진 다짐들이 부딪히는 소리
서로의 얼굴에 칼날이 닿지 않게
언제든 손잡을 수 있는 대오를 지어
결빙의 각오로 어깨동무를 하는
유빙
자꾸만 발이 저려
발끝에 힘을 줄수록 발뿌리가
더 뜨거워지는 유빙
호수가 다시 으드득거리며
얼어붙었다.

붉은 혀

입속에 갇힌 혀들이 거리로 나와
표정이 없는 위정자의 말(言語)처럼
무뚝뚝하게 걸어 다녔지

침묵이 조장하는 거짓과
반질거리는 비리가 난무하는
피둥피둥한 노란 몸뚱아리에
입술을 적시는 침은 남아 있지 않았지

믿음이 부재한 디지털의 도시에서
집단으로 내미는 붉은 혀
죽음은 있는데 범인이 없는
괴상망측한 시대에, 나도 공범이 되어
붉은 혀가 득실거리는 블랙홀로
손을 집어넣을지도 몰라

알코올에 마비가 된 한 치의 혀가
말들이 휘청거리는 밤거리에서
욕설을 내뱉었지
그렇게 우리는 모두 단독범행을 저지르면서

공범이 되어 가고 있었지
붉은 혀를 불쑥불쑥 내밀면서.

묵비권

세상을 향한 나름대로의 강한 무기를
하나씩 가지고 있음을
공 대리의 근속 15주년 회식자리에서 알았다
축하의 술잔이 돌고 덕담이 끝나고
인사말을 해달라는 요청에 공 대리는
빈 잔에 자작으로 술을 따라 들이켰다
목줄기를 훑으며 술 넘어가는 소리가
대답처럼 들리고 이미 위장을 점령한 술은
그의 눈가에서 최루로 따갑게 맺혔다
잠시 그것뿐, 이내 그의 입은
술과 함께 봉쇄되었다
직원들이 재촉하는 성화에도
그는 아그리파의 눈빛과 굵은 턱선처럼
더욱 입을 꽉 다물고 한 마디도 하지 않았다
단단한 침묵으로 시위를 하는
공 대리의 슬픈 근속 15주년 날
막내의 학원비를 벌어보려고 푼돈으로 사 둔
주식과 펀드는 깡통이 돼 버렸다
미워할 수 없는 공 대리의 묵비권에
우리도 거룩한 묵비권으로 동조해 주었다

세상에서 가장 강한 무기 하나씩을 두르고
우리는 결의를 하듯 술잔을 들어 부딪쳤다.

雨期

토지분쟁 소송에서 패소를 한 날
울음바다가 된 소작농 부락을
장정들이 무리를 지어 빗물로 떠돌다
바다에 몸을 던져 울분을 끊었다
묵직한 절망의 낯빛으로 돌아온
아버지 몸에 붙은 술 냄새와 비 냄새가
괴성을 지르며 방 안 구석구석
기막힌 사연처럼 들어와 앉았다
가슴으로 숨죽여 울던 어머니는
감자같이 동글동글한 삼 남매 중에서
잠든 막내의 얼굴을 어루만지다가
비릿한 갯벌냄새에 토악질을 해댔다

그해 장마는 그렇게 왔다
어머니의 가슴속에서 후두둑거리는
장대비로 그렇게 시작되었다
갯벌물에 불은 장정들의 손에는
죽어서도 소유하지 못할
한 줌의 흙이 꼭 움켜져 있었다
분노가 연일 마을을 휘돌아

몇 명의 장정들이 더 바다에 몸을 던져
긴 장마만큼이나 겁에 질리게 하였다

그해 장마는 그렇게 왔다
불혹이 된 막내의 세월 속에서도
신대 마을의 슬픈 전설을 알리는
장대비가 휘파람소리로 내렸다
증인 출두하라는 법원 통지서에
팔순의 장정이 두 주먹 불끈 쥐고
북해도를 또 넘어갔다

雨期였다 다시 雨期였다.

"나는 햄스터"

바빠야 할 근무시간대인데도
일은 없어 인터넷 서핑을 하다
울리지 않는 휴대폰 폴더만
공연히 열었다 닫는다
내 존재의 침묵이
플라스틱 마찰음으로 봉해진다
하루 중 무료하고 맛없는 시간을
갉아먹는 햄스터
맹금의 천적을 피해 눈치로 먹이를 구하고
어둠 속에서 자폐아의 웃음처럼 흩어지는
나는 언제나 외톨이이다
낮 동안의 흐느적거림과 늘어진 잠은
야행을 위한 파티
무딘 이빨을 세워 딱딱한 옥수수알과 견과류를
내 무능같이 야금야금 갉는다
하루의 우리에서 도주하지 못한
빈 발걸음이 되돌아와 첩첩이 쌓이는
햄스터의 집
밤마다 꿈속에서 쳇바퀴를 돌리는
나는 햄스터.

아내가 아프다

명퇴를 하고부터 아내가 아프다
세상만큼 큰 바이러스가 아내를
세상으로부터 면역력을 차츰 잃게 한다
신열과 신음이 거대한 한숨으로
둥둥 떠다니는 한기의 방
단절된 온기 삭신을 후비는 외풍에
아내는 아프다, 아프다고 말한다
바람이 들은 아내의 가슴
흐를 수 없는 간절한 혈맥들이
표적지를 관통한 탄알소리로 웅웅거린다
소금기에 절여진 아내의 손과 발
풍랑에 줄 끊어진 부표로 흔들린다
밥맛처럼 세상을 잃어버린 아내
아내가 아프다 내 안에도 아프다.

외딴 섬

썰물이 되어도 섬은 드러나지 않는다
늦은 귀가를 재촉하며 출렁이는
은빛 파랑이 지은 물비늘의 웃음들
현관문을 열고 들어서면
질퍽질퍽한 개펄이 밟힌다
등 뒤로 철썩거리며 좇아온
거리의 물길이, 집 속에서 섬을 만든다
파도의 따뜻한 손길이 없는 빈 굴껍데기가
방방이 들어차 먼 바다 소리로 운다
밀물에 젖어오는 아버지의 비릿한 냄새,
외딴 섬으로 찰방찰방 잠긴다.

레이돔

오늘을 스캔한다
언제나 움직이는 과녁을 좇다
섬광처럼 쏟아져 내린 오늘을 스캔한다
백색의 원구圓球에 가려진 원심분리기로
밑바닥에 가라앉은 비수도 잘도 솎아내지
그래서 과거는커녕 미래는 더더욱 없지
오직 오늘만 스캔이 되는 제자리서
서치라이트처럼 돌아가고 있지
파충류의 예리함도 양서류의 냉혈도
포유류의 약육강식도, 저 속에서는 다
스캔이 되어 솎아져 내리지
선글라스로 위장한 눈빛은 속내를 감추지
철저히 가식된 인정들은 희망마저 잃게 하지
백색의 원구에 매복군처럼 숨어 든
보이지 않는 거대한 눈동자
오늘도 그 눈빛에 나는 추적을 당한다
내 위치를 탐지 당한다.

*레이돔 : 레이더와 돔dome의 두 가지를 합성한 말.

토우土雨

평택 삼리三里에 비가 내렸다
저탄더미 속에 들어간 빗물이
검은 까치독사로 기어 나왔다
석탄재 날린 진흙길 따라
드러누운 경부선 철길

나녀가 흘린 헤픈 웃음 위로
금속성 거친 숨을 몰아쉬며
기차가 얼굴 붉히며 지나갔다
한 평 쪽방의 몇 푼어치 사랑에
쓸쓸함만 더해주는 기적소리

누이의 교성이 흘러 다니는 삼리
누이의 꿈은 거기에 있었다
밤마다 사랑 없는 사랑이
하늘로 가는 문턱을 움켜잡고
비명을 질러댔다

축축한 신음소리만 되돌아오는
갈 길 먼 꿈들은, 역광장에 쏟아져 나와

가슴 뚫린 퍼런 그림자로 떠돌아 다녔다
갈 수 없는 가난한 어머니의 품을 찾아서

무뚝뚝한 하행선 열차가 떠나가고
반 시간쯤 후에 비가 내렸다
부활의 율동으로 옷을 벗는 누이,
삼리에 내리는 비릿한 토우.

짱돌

도로 경계석 하수구망에 걸린
물에 젖은 짱돌 하나
심심풀이 혹은 홧김에 내지른 발길에
구르고 튀어 올라 가장자리로 밀려났나
최루탄 목봉 호각소리 오래된 기억만
폭염과 혹한에 다 묻어두고
던져도 반응 없는 만만한 침묵 속에
서로를 의심하는 날이 언뜻언뜻 있거든,
한 방향으로 날아가 영원히 돌아오지 않는
돌팔매질을 힘껏 당하고 싶다
쉽게 볼 수 있으면서 쉽게 볼 수 없었던
같은 길 위에서의 만남
일방적인 고집과 적응하는 고집 사이의
적당한 거리를 유지한 채
언제나 맞닿을 수 없는 평행선이 되어
우리는 서로의 표적지를 향해
돌을 던졌던 것이냐
이젠 던져도 반응이 없는
만만한 침묵 속에서 아득하기만 한 짱돌

화강암같이 단단한 짱돌 하나를
꽉 움켜쥐고 싶은 새벽길이다.

머리카락 인형

아이의 무력한 절규가
개 짖는 소리에 묻혀 버린다
아이의 울음을 컹컹거리며
물어뜯는 도사견
엄마의 치맛자락처럼 꼭 붙들고
놓지 않으려는 개의 목덜미
터럭이 한 움큼 뜯겨진다
그럴 때마다 아이의 살점도
뜨듯한 편육으로 뜯겨진다
광분한 눈빛과 타액이
얼음송곳으로 박히는 순간에도
엄마의 얼굴은 먹먹하기만 할 뿐
좀체 떠오르지 않는다
아이의 겁보다 엄마의 비겁을
더 할퀴는 독 오른 발톱이
아이의 가는 울음마저 찢어버린다
널브러진 비명을 마지막으로 핥을 때
너덜거리는 아이의 껍데기들이
잘린 도마뱀 꼬리처럼 꿈틀댄다
펴지지 않은 조막손에

엄마 닮은 머리카락 인형이
아이의 마지막 숨결을 지키고 있다.

북해도

아침인데도 해는 떠오르지 않았다
벌써 한밤을 알리는 달이 중천에 떠올라
낮과 밤이 없는 신대마을의 야윈 삶을
골목 구석구석으로 몰아냈다

아랫도리를 검게 드러내놓은 갯벌에
이젠 벗지 않아도 될 밀물도 들어오지 않았다
아이들이 띄운 연이 하천부지에 떨어지던 날
토지분쟁 소송에서 패소를 하였다

개흙냄새를 빼앗긴 소작농 동리
그곳은 신대 부락민들의 유배지였다
울분을 안고 죽은 장정들의 주검이
미등기로 떠돌아다니는 신대리

서해의 비릿한 바람이
무리를 지어 고개를 쳐들고 있는
마른 독새풀을 흔들어댔다

보이지 않는 분쟁이 바람과 함께

검게 타들어 가며 늙어 갔다
죽어서도 북해도를 향해 눕는 소작인들

끝을 모를 삭망의 바람이 휘돌아다니는
하천부지 논배미에서 이태 전 돌아가신
아버지가, 낟가리를 치고 계셨다
서해의 비릿한 바람이 다시 불어댔다.

*신대리 : 평택시 팽성읍 소재의 마을.

우울한 몽유

내 구질은 전적으로 우타자 전용이지
낙차 큰 슬라이더나 안쪽으로 파고드는 커브를
스트라이크존에 잘도 꽂아 넣어
타자를 옴짝달싹 못하게 하지
삼진 아웃되는 타자가 플레이트를 아주, 못되게
방망이로 내리찍는 모습을 보면
나는 더욱 과감해지려 하지
그러나 요즘은 내가 등판하면
우타자를 내리고 좌타자를 내보내지
사우스포우이면서 사우스포우가 아닌 사우스포우
내 맞은편에 선 좌타자는 내 구질을
자웅동체처럼 잘도 읽어내지
손만 뻗으면 맞잡을 수 있는 거리인데도
구질이 마음과 맞지 않는다고
타법이 눈에 익지 않는다고
등판과 강판을 반복하며 돌이킬 수 없는
강속구를 던지거나 안타를 쳐댔지
언제부턴가 권리는 줄어들고 의무만 점점 늘어나
투구 한계수를 초과해도 투수교체는 되지 않았지
그런 날이면 상대하기가 편한

우타자의 헐리우드액션 같은 헛스윙을 상상하며
움신거리는 어깨를 다독이지
싱거운 뜬공과 병살타를 유도해내는
내 구질은 전적으로 구원투수 전용이지.

손등

가끔 바닥 저편에서
웅크리고 있는 그대,

칼날 같은 **가위**로도
쇳덩이 같은 **바위**로도
절벽 같은 **보**로도
쉽게 뒤집지 말라

그대를 부여안고
뜨거운 키스를 나눌 수 있는
작은 모가지만 내게 다오.

투명인간

아내와의 잠자리에서도
나는 없다
눈 뜨면 나갔다 해 지면 돌아오는
나의 집에도 나는 없다
어쩌다 성원이 된 모처럼의
가족들간의 식사에서도
나는 없다
아들 녀석도 딸년도 없다
숟가락 젓가락만 은빛으로 흔들릴 뿐
보이는 사람은 아무도 없다

집에서건 직장에서건
늘 나는 제 위치에 있는데
나를 보는 얼굴은 누구도 없다
제대로 된 눈길 한번 맞춰주지 않는
불투명한 땅덩어리의 투명한 기도
거기에도 나는 없다
아무도 보는 눈길들이 없는 곳에서
오늘도 나는 혼자 밥을 구역꾸역 먹는다
물방울처럼 그렇게 나는 증발되고 있다.

부음

갑작에 네 죽음이 있던 날
다행히도 조문객은 오지 않았다
열어보지 못한 몇 개의 메시지들이
부재중 몇 통의 전화표시와 함께
액정 속에서 나를 지우고 있었다
하루의 기억들이 먹빛으로 사라지고
군살 부푼 과거가 살아서 듣는
나의 부음
기억번지에 갇힌 낯선 이름들이
색색의 버튼에 몸을 의지한 채
문자메시지로 단축버튼으로
나를 대신하며 살아온 나날들,
네가 죽은 짧은 시간 이후에도
내 부음의 편지는 얼마나 와 있을까
단절된 기다림이 빈손에서 나뒹굴고
답답한 소식만 손가락으로
꾹꾹 눌러 보았다
손끝에서 너의 생기 가득한 진동이
나 아닌 나를 또 밀어 넣었다
내 부음이 드르륵거리며 울었다.

오복노래방

밤새 끝나지 않은 노래들이
아침거리에서 비틀거린다
아침이 와도 채워지지 않은
아쉬운 욕망들이 택시에 실려
햇살이 기지개 켜는
아스팔트 속으로 사라진다
출근하는 인사를 피해
구토로 확인하는 너의 퇴근길
밤낮이 바뀐 눈동자가
너의 집으로 가는 길목에서
반짝거린다, 마른 눈물이 먼저
걸음을 앞질러 가며
저녁 출근길을 또 닦아 놓는다
새벽이 와도 끝나지 않을 노래들이
거리에서 문지기로 버티고 섰는
오복노래방.

추팔공단 사거리

그림자를 잃어버린 노동자가
보행자 신호등 앞에 서 있었다

퇴근을 해도 가지 못하는
야자수 두런두런거리는 안방
자동차의 어설픈 불빛과 경적이
급브레이크 함성으로 달려드는 교차로에
그림자 없는 노동자가 서 있었다

엄마를 닮은 둘째의 눈매
아이가 갖고 싶다던 금발 인형, 아빠의 사진
전화선을 탯줄같이 핥아대던
얼굴도 모르는 막내의 축축한 소리가
사거리의 눈 먼 밤바람과 함께 희미하게 사라졌다

좌회전 신호를 따라 성급한 발걸음이
뼛가루를 날리며, 남쪽으로 달아났다
신호를 기다리며 서 있는 노동자
은빛 몸부림을 치며 블랙홀로 빨려 들어갔다

목격자를 찾습니다.

아내를 죽이고 싶다

어렵게 성사시킨 사업 계약이
철회를 당한 날
아내와의 잠자리도 거부를 당한다
벗기고 입으려는, 겉살만 스치는 어설픈 애무에
터지는 반항의 신음을 입으로 봉합하고
세상에서 죄다 끌어 모은 독기를
마취제같이 불어 넣는다
달변을 가장한 눌변의 말들이
숨통을 막으며 헐떡거린다
계약을 철회한 사업주같이 맥 빠지게
섹스를 즐기지 못하는 아내
나의 공손과 최대한의 친절에도
부드러워진 적이 없는 아내의 젖가슴
얼굴만 더욱더 창백해진다
중력의 무게로 짓누르는 쓰라린 섹스에
아내는 점점 까무러친다
해약을 알리는 전화벨소리가
아내의 몸 깊숙한 곳으로 사정을 하듯
비명 지를 겨를도 없이 뭉텅 빠져 나간다
나의 고통을 받는 아내의 몸은

고통의 또 다른 숙주
아내의 고통 아닌 고통을 죽이고 싶다
그런 고통을 받아주는 아내를 죽이고 싶다.

외딴 방

이레째의 방문인데도 기척이 없다
바람조차 섬뜩한 기운에
벨을 누르지 못하고 뒤돌아선다
겉도는 초인종소리에
소주병과 꽁초들이 늦은 잠을
서로 미루며 웅크린다
불면의 장막을 담배연기로
북북 찔러대면서
그도 소주병을 낀 채
웅크린 잠을 잤을 것이다
수음을 하고 잠자리에 드는 날이면
아내의 체취로 채워지는 밤꽃 냄새
머리카락으로 엮은 그의 방,
바람이 거르지 못한
한 올 한 올의 검은 그리움들이
천정을 향해 기어오른다
고독이 잘라버린 푸석한 입김은
그의 반 토막 꿈길을 떠받치고 있다
방을 널柩처럼 차지한 주검이
마른 눈물자국을 서서히 지워버린다

미처 감지 못한 눈 속에서
배추흰나비 떼들이 날아 나와
말랑한 살갗에 움푹 박힌 푸른 옹이를
시포처럼 덮는다
초인종이 외딴 방을 흔들어 깨워도
그는 끝끝내 일어나지 않는다.

오빠라는 오빠

오빠하며 부르는 소리에 뒤돌아보니
이방의 수줍은 미소가
어눌한 길을 묻는다
처음 오빠라는 말을 배우면서
오빠에서 오빠를 알아 왔을
그녀의 눅눅한 말씨가
바람에 흩날린다
밤마다 고향의 오빠를
오빠 아닌 오빠로 부르고
오빠라는 날림 웃음 뒤편에서
철없는 오빠들의 무딘 손길이
타고 넘었을 허벅지
오빠의 술잔에 오빠를 섞어 마시며
오빠를 게워내는, 이국의 누이
보건소로 향하는 그녀의 발뒤꿈치로
이름을 불러주지 못하는
오빠 아닌 오빠가 그림자로 뒤따라간다.

들불

꺼질 듯 꺼지지 않게
질긴 불씨로 되살아 나
자꾸만 뜨겁게 번져가는
짚불들의 단단한 함성
나도 그렇게 타오르고 싶다
가슴속에 못다 태운
잉걸불 같은 삶을 간직한 채
꺼질 듯 꺼질 듯하다 되살아나는
불 냄새 좋은 들불이고 싶다.

어둠 속에서의 어둠은 어둠일 뿐이다

가뭄이,
논바닥을 시루떡처럼 쪄 놓은 한낮에도
혁명군들은 마을로 들어오지 않았다
까까머리 조무래기들이 기계충 파먹은 듯한
신작로를 건너가고
망루에서 정오를 알리는 사이렌 소리가
바짝 마른 저수지 귀때기를 때리고 지나갔다
봇물이,
무자지처럼 흘러 수묵화를 치는 지경에
혁명군들은 마름의 논배미를 지나
집결장소로 하나 둘씩 와 닿았다
지층에 갇힌 지하수들이 들불같이 솟구쳐
농수로를 따라 번져가고
둑 위에서는 혁명이 터졌다는 부락민들의 고함소리에
갓 패기 시작한 갈대들은 비로소 하늘이 열렸음을 알았다
혁명이,
어둠으로부터 진군해온 혁명이
쟁기에 갈아엎어진 숨통 트이는 개흙의 혁명이
어둠 속의 어둠을 잘게 분쇄하였다
객토가 끝난 논바닥을 적시는 지하수

어둠이 차츰 묽어졌다.

2부

문턱이 닳는다

잠이 들 등짝의 무게로 짓누르는
수술용 침대 바퀴가 붉은 선을 넘는다
마취에서 깨어날 사람과
마취로 다시 잠들 사람들의 발걸음을 대신하여
문턱을 넘는 아주 관대한 바퀴소리
문을 나서면
이 문과 저 문이 분명하지 않은 것처럼
수술실로 향하는 문턱은 이미,
스스로 경계를 허물어 거부와 수용의 몸부림으로
문턱이 닳아 있는지도 모른다
무수하게 거부당한 삶들이
무수하게 수용당한 죽음을 안고
저 문턱을 넘었는지도 또 모른다
잠들 자나 깨어날 자를 실은
수술용 침대 바퀴에 저 문턱이
바짝 닳는다.

힘

버릴 것을 진즉 버리지 못하고
기웃거리는 몽산포항 방파제
갈매기가 쪼아대는 물결만 바라보다
한 척의 배를 무심코 흘러 보낸다

언제쯤이었을까,
배가 가른 파도가
디젤엔진의 추진력으로 다가온 것이

배들의 어깨를 밀친 파도는
방파제에 굴처럼 다닥다닥 붙은 잡사雜思를
떨쳐버리듯이 흔들어댄다
그 중심에 있는 내가 출렁거린다

먼 바다로 잘 뻗은 물의 이랑이
텅텅거리며 가슴을 밀친다
스크루에 찢긴 바다가
해조음을 내며 가슴속에서 갈라진다

힘 좋은 배 한 척을 갖고

돌아서는 발길에
서해가 텀벙텀벙 밟힌다.

바다나무

밀물이 들면서
키가 더 커 보이는 나무기둥들,
깃발을 하나씩 매달고 있다
하찮은 미풍에도
어림없는 빈틈 주지 말자고
일정한 방향으로 몸을 눕힌다

뻗어가지 못하는 물속의 뿌리
닿지 않는 바닥이
물그림자로 비쳐올 뿐,

길을 묻은 흔적들이
바람에 몸을 맡긴 채
한 방향으로 흔들린다

물 위에서 서성거리던
근본을 모르는 깃대들
부표로 된 뿌리 하나씩 바다로 내리고
배들의 길을 만든다

비가 와도 지워지지 않는
배들의 좌표가 되는,

잊고 잃고

잘 떠오르지 않는 이름을 길에서 만난다
나를 아는 상대는 기억을 종용하고
진짜, 절 모르세요? 반 박자 느린 말투는
어색한 악수 속으로 미끄러진다
얼굴만 알고 이름을 모르는 구면의 인사
길에서 이름을 잃고 있다
내 머리에서 사라진 이름
잊는 것이 잃는 것인지
잃는 것이 잊는 것인지
확신을 가장한 착란의 대답으로
나도 누군가로부터 지워지지는 않을까
정지된 순간이 망각과 상실 사이에서
진땀나는 기억더미를 착실히 더듬는다
그러나 잊음과 잃음으로 지워지는 극점만큼이나
불안한 나는, 더 미안해하는 이름을
끝내 기분 좋게 불러주지 못한다
눈치만 서로 건네는 불편한 사이사이
그는 나를 잊어버리고
나는 그를 잃어버리고
이제는 낯선 눈빛이 될 이름들

레테의 거리에서 이명처럼 떠돈다.

시월애에서

성난 파도를 보려거든
시월애 앞바다
안면도 두 팔에 감싸인
뻘물의 질긴 율동부터 보아라
갯벌을 타고 오며
환청 같은 그리움들이
저들끼리 부딪혀도
깨지지 않는 맹세가 되는,

소문도 없이 닿는 밀물에
바다 속으로 걸어 들어간
그림자들은 돌아오지 않는다
일렁이는 기다림을 눈치 챌까 봐
시월애 앞바다 파도는
성을 내지 못하나 보다

그리움으로 얼룩진 물빛들이
뭍까지 들뜬 얼굴로 밀려와
안부를 묻고 돌아서는
시월애 앞바다.

*시월애 : 보령시 천북면 장은항에 소재한 카페.

기쁜 절교

시사時事를 잊는다는 건
사랑하는 사람에게 절교를 하거나
또는 절교를 당한 채 헤어져 있다
다음 해후 때까지 내내
아사한 기다림으로 떠는 것이다
온전히 잊지 못할 바에야
일간신문 전면광고처럼 매일 보게 될
당신의 차갑고 작은 손을 한 번 더
보듬어 볼 것을,

한 사람을 떠나보내고
한 시대를 잊는다는 건
절정의 부분에서 책을 덮거나
유기견이 불 꺼진 골목길을
다 빠져나갈 때까지, 안타까움과 조바심으로
겨울 산을 바라보는 것처럼 말을 아끼는 것이다
다른 날에 시사를 대하고 당신을 만날 그때쯤
당신과의 싱거운 공백은
나로부터 먼저
절교를 말하게 하는 것을,

승천

아버지를 업고 산에 오른다
육탈한 무게가 등허리에서
산바람으로 들썩거린다
바지게에 거름을 내듯
고려장 가는 길에 떠메듯
묵직한 아버지의 무게는 없다
죽음에 들어서야 짐을 비운
아버지의 가난이 햇갑다
볕 좋은 자리에 아버지를 내려놓자
바람이 만든 길 따라
멧새들이 물고 날아오른다
하늘 한 모서리에서
낙엽처럼 떨어지는 멧새울음.

솟대

내가 날아가는 거리만큼
당신을 사랑했으면 좋겠다
내가 기다리는 시간만큼
당신에게도 기다림이 있으면 좋겠다
새가 되고 싶은 나무들이
부리로 하늘을 쪼아대며
즈믄의 날갯짓으로 퍼덕여도
저기 어디쯤 당신이 있으면 좋겠다
나무가 되고 싶은 새들이
날개를 나뭇잎처럼 파다닥거리며
영겁의 물관을 타고
뿌리에서 우듬지까지 거슬러 올라도
당신에게 가는 아사한 사랑이
나에게도 있었으면 좋겠다
바람같이 부르는 당신 손짓에
이내 들뜨다 긴장하는 전신全身
내가 날아가는 거리만큼
당신을 사랑했으면 좋겠다.

사각우물

불을 끄면 들려오는
물 긷는 두레박 소리
개오동 꽃대궁 시린 밤이면
은하의 우주가 방으로 들어와
첫날밤을 맹세하던 우물이 되었다
눈으로 볼 수 없는 별의 비기가
가슴 여미는 계금소리로
태초의 말씀을 흔들어댔다
어둠이 장악한 정적 속에서
백색 거울을 마주하여
물 긷는 소리로 낭창낭창
뒤적이는 불혹의 일기장
물동이 지게 삐걱이며
유년의 우물자리가
내 방에 들어와 앉았다
불을 끄면 두레박이 내려와
곤한 육신을 찰싹이며
북두의 꿈길로 배웅하였다
천정에서 물 긷는 소리가
한 두레박이나 쏟아져 내렸다

흔들리지 않는 기도가 안식하는
불멸의 내 우물 위로.

서산 마애불, 말씀하시다

시가 되지 않아
시 하나 변변히 짓지 못해,
서산 마애불 앞에 바람처럼 하냥 서서
천 년 동안 돌가루로 마지를 드신
내공의 힘을 여쭈었더니

좌우 식솔들 데리고 마중 나와
바람벽에 기댄 채
기똥차게 웃으시는데,
그게 詩더라

산대박에서 부는 골바람을 하도 맞아
전신이 골병들고 천 년하고도 반 년을
제자리서 소변 한번 제대로
보지 못하였는데

내려가는 길에 해우소에 들러
나 대신 시원하게
소변이나 보시고 가시게나
하, 그게 또 詩더라.

지붕 없는 우체국

풋보리들이 부스스 일어나
간밤에 떨어진 별똥별을
이슬 핥듯 주워 먹는 아침나절에도
어머니는 돌아오지 않았다
끊을 수 없는 그리움이라고
갈잎 서걱이는 그믐밤에
어머니께 쓴 편지는,
하늘 속에서 삐라처럼 흩어져
지붕 없는 우체국으로 반송되어 왔다
할머니의 군살 부푼 눈물이
은비늘로 쏟아지는 애저녁길
집배를 끝낸 할아버지가
별빛 소인이 찍힌 수취인 불명의
편지를 든 채, 별의 걸음으로
서해 속으로 빠져 들어갔다
아린 기억이 화석으로 굳어
반송되어 온 편지 한 통 한 통마다
기다림의 층층으로 쌓아 올린
지붕 없는 우체국.

불이 꺼질 때가지

들불을 놓자, 논 가장자리에서부터
여기저기 흩어져 있는 작은 불씨로
원심력을 따라 연기만 매캐하게
피우다, 불불거리는 바람에
불길이 열리기를 기다린다
검은 치모들이 하얗게 내려앉은
잘 마른 짚단 위
질긴 수음의 흔적이
붉은 파도로 출렁거린다
안으로 파고들지 못한
시큼한 불꽃들, 젖은 지푸라기를
애써 다시 주무르는데
논도랑으로 흐르는 이명이
여기는 밖이야 안쪽은
더 들어가야 한다고 속삭인다
겉불과 속불이 맞닿는 곳,
겉불은 속불의 뜨거움으로
속불은 겉불의 차거움으로
모두가 제자리를 지키며 타오르는
들불, 불이 침묵하는 냄새를 맡으며

등 시린 詩 한 병을 홀짝홀짝
털어 넣는다, 취한 詩가
불 속에서 피식피식 웃는다
불이 꺼질 때까지.

와불臥佛

지열이 꿈틀거리는
아스팔트길 위
억새의 흔들거림에도
또아리 틀어 참선을 하던
너불대 한 마리
바랑에 얹힌 땡볕의 고행이
순식간에 정지된 상태로
혼자서 풍장을 치루는,

길에서 길을 뜯어 먹으며
열사를 건너는 혜초의 걸음인 듯
눌러 붙은 족적을 보고 나서야
배 밑 비늘로 걸었을 간단없는 만행이
그의 튼실한 행선의 나날이었음을
떠밀려간 길들이 혓바늘로 돋아나
밀경처럼 떨쳐버리지 못한 독이 되었음을,

혓바닥으로 목탁을 치던
눈망울 고운 탁발승
최후의 못다 한 설파가

독 가득 머금은 이빨로 합장을 한 채
딱딱한 아스팔트를 물고 있다.

이명耳鳴

바람이 헐겁게 지나가다
새울음으로 날아든다
군살 돋은 둔한 달팽이관이
주파수 맞지 않는 라디오같이
균형을 잃고 직직거린다

새가 없는 새장
한때, 새의 몸부림으로
풀섶을 뒤적거리며
부스러기 꿈을 쪼았을
단단한 부리는 이제 둥지에 없다

바람에 날린 풀씨가
빈집을 지키는 댓돌 위
고무신 속으로 내려앉는다

눅눅한 지저귐이
어머니의 방에서 젖을 빨며
보일러 돌아가는 소리를 낸다
미명의 토굴 속에서 동안거 중인

날지 못하는 굴뚝새 한 분,

어머니의 귀에서 좌선한 생불로
목어를 불안하게 또 울린다.

은어회를 먹으며

아직도 식지 않은
별빛보다 진한 은빛 숨결이
식도에서 파다닥거린다
바다의 체온같이
은하의 시선으로 누워 있는
눈동자들,
상류에서는 볼 수 있을까
대양에서조차 버리지 못한
부싯돌 같은 꿈들을
또 만날 수 있을까
도마 위에 허튼 마음만
가시에 찔린 채
바다처럼 출렁거린다
강에다 슬지 못했던
볼록한 꿈들이 밤강을 타고
자맥질로 탁 탁 뛰쳐오르면
은빛 꿈을 먹는다
까칠까칠하게 밀려오는
바다를 먹는다.

간월도 밤바다

밀물이 들면서 낮 동안의 기도가
자분자분 갯벌로 돌아나간다
물비늘 뒤척이며 기어오르는
지느러미가 없는 목어
눈물소리도 나지 않게
눈을 뜬 채 제 속을 다 긁어내고
캄캄한 밤바다를 가득 채운다
부처의 눈동자같이 깜박거리는
간월암 불빛,
바람에도 끄덕없이 타오른다
스님의 기침소리로
서녘을 건너가는 풍경소리

바다가 입을 다문다.

불새

퇴근길 발걸음을
더디게 하는 골바람
불 냄새를 따라가다
아버지 냄새를 따라가다가,
리어카로 된 낡은 둥지에
깃털을 움츠리고 앉아 있는
오래된 불새를 보았다
구들장이 식어지는 새벽답
불목으로 불길을 밀어 넣던
아버지의 화덕한 얼굴이
녹슨 의자에 앉아 있었다
불에 달궈진 노란 진액이
가슴 밑바닥을 후려쳐 솟아오르는 눈물인 듯
훌쩍이며 드럼통을 타고 내렸다
절정의 냄새를 보듬으며
둥지 주변을 서성거리는 불새의 곱은 몸짓
맛있는 불길이 아지랑이로
부리에서 흩어져 피어날 무렵
아버지는 불새알 같은 군고구마를 꺼내셨다
꺼지지 않은 불씨가 담긴

아버지의 아궁이 위로 내리는 싸락눈
불새가 하늘을 가르며 날아올랐다.

나무컵

수덕사 입구 상가 거리에서
귀하게 조우한 나무컵
끊지 못한 뿌리가 더 있어
물 퍼 올리는 소리가 나는 걸까
떨구지 못한 이파리가 더 있어서
산 메아리가 아직도 돌아 나오는 걸까
속을 비운 몸통뿐인 웅덩이에
눈을 부릅뜬 고기 떼들이
오체투지로 물을 찰방인다
간단없이 물관을 밀어 올리는 생목生木인 듯
제 몸 찢김에 이를 악다무는
나무컵의 휑한 뒷꼭지
스스로 결을 따라 갈라진다
수덕하지 않은 번뇌의 눈물을 흘리며
채울 수 없는 정진을 담는 그의 집
천상에 이르지 못한 분수 같은 그의 기도

마른 몸 적시며 합장하는 나무컵.

쇠꼬리를 끓이며

쇠꼬리를 들통에 넣고 끓인다
서서히 온도가 올라가자
초원을 내달리며 울부짖던 기운에
들통 뚜껑이 놀라 들썩인다
겨우 몸에 붙은 쇠파리 한 마리
후려칠– 쇠꼬리만 한 힘이
들통마저 달달 흔들어 제친다
성한 몸일 때는 여사로 보이던 것이,
내 몸 어디 한 군데도
불에 데어 본 적 없는 것이,
내 약해빠진 등골에도
채찍질 한 번 맞아 본 적 없는 것이,
들통 속 쇠꼬리에 맞아
얼굴빛이 풀물로 달여진다
졸은 국물 걷어내니
회초리만 남아 있는 꼬리곰탕.

불벼락

시골 앞집 아저씨가 불화佛花더미에
불처럼 입적했다.

꿈인가 했다
잠꼬대로도 물리칠 수 없는
매캐한 연기가 척후병처럼 포진해왔다
어디서부터 잘못된 것일까
엊저녁 공양을 마친 후 불문佛門을 닫고
침소에 들었었는데
밤새 무명하고 미명한 것이 있어
눈귀를 막아 버렸는가
불을 벗어나려 해도 불은 점점
남아 있는 空마저 흡수하려는지
부드러운 껍데기부터 다비를 하였다
소리를 질러도 듣는 이 또한 없어서
불만 닿고 불은 닿지 않았다
되돌아가기엔 너무 먼 길을
와 버린 것 같아, 불구덩이로
떠듬떠듬 손을 넣어 보았다
불의 기세가 불의 사자후로
불에 단 벽을 운판처럼 때렸다
불에 의해 불벼락을 맞은 등신불.

뼈사리

갈치구이 살 바르는 젓가락에
금속성 비명소리가 집힌다
바다를 먹은 납의를 벗어
팥알만 한 사리를 꼭 물고
여전히 염불 중인 은갈치
죽어서도 행선을 나가는지
뼈들은 지나온 쪽으로 출렁이며 누워 있다
끝없는 고행이 적멸에도 닿지 않아
뼈들은 앞쪽으로 나가지 못한
겹겹의 화살표를 세워 물비늘을 턴다
등뼈를 우두둑 세워 가부좌를 틀면
풍경을 치며 쏟아질 것 같은 뼈사리
심해로 치닫는 은갈치의 눈망울이
바다의 밀경처럼 떠밀려 와
사리 서 말을 부려 놓는다.

향일암

일출에 벌겋게 낯을 데인
거북이 한 마리
남해 바닷가에 앉아
동백꽃 물든 몸뚱이를
바닷물에 찰방거리며
목탁을 치고 있었지
바람이 들고 가기엔
너무나 평평한 고해가
해탈로 가는 화석이 되어
절벽을 떠메고 있었지
버리고 싶은 급한 마음이
석벽 사이로 길을 좇으면
맞바람으로 문을 닫는 향일암
옥빛 고요한 바다 속으로
잠망경처럼 내려앉는
동백 같은 마음
등껍질 시린 거북이가
해를 물고 바다 속으로 들어갔지.

開心寺에 들며

여가 어디여.

여가 거기여.

3부

붉은 동굴

눈치를 쓸쩍 보며 즐거운 동굴을
첫 키스하듯 탐미하고 있었어
사타구니에서 시작된 동굴은
알리바바의 주문처럼 서서히 열리며
찬란한 보물을 보여 주었지
피할 수 없는 하얀 본능이
오줌보 부풀리며 탱탱해졌지
체모가 넝쿨처럼 얽혀
벽화를 그린 붉은 동굴
태초의 향유고래가 저 속에서 새끼를 낳고
다산과 생명의 무딘 창을 맞았는지도 몰라
무슨 꽃들은 저리도 많아
향기와 빛들은 또 지천으로 넘쳐나는지
동굴은 온통 붉은 자국뿐이었지
날이 가거나 들여다볼수록
새끼 꽃들만 가득 들어차 있는 붉은 동굴.

야간 검문소

눈보라를 가르는 빨간 스쿠터
다부래기하며 와 멎는다
구두굽에 찍힌 눈 오는 소리가
미니스커트 속 치골에서
화덕한 메아리로 돌아나온다
커피포트에서 눈발이 쪼르륵 흘러
커피잔을 하얗게 채운다
눈을 따라 커피잔을 채우는
진다방 박양의 퉁퉁 불은 손
검문소 경광등 불빛이
눈 위에 선혈을 뿌릴 때마다
얼굴은 음영으로 조사되어
그녀의 흩날리는 머리카락을
불심검문하게 한다
찻잔과 손등에 얹혔던 눈이
툭툭 털고 떠나가는 스쿠터 꽁무니에
대롱대롱 매달려 좇아간다
신원조회가 되지 않는 이름이
불법 유턴하는 야간 검문소.

빈 브래지어

마지막 정을 떼려는지
눈물자국조차 지우지 못하고
이른 새벽 처제가 떠난 잠자리
몸을 잃은 빈 브래지어가
합성금속처럼 기억을 채우고 있었다

돌 지난 막내의 친권만이라도
갖게 해달라는 처제의 울음이
당堂나무에 걸린 연같이
헐떡이며 떨은 그믐의 밤
젖가슴은 이전보다 더 시려웠을 게다

뜬 눈으로 밤의 위로를 받으며
쌓아 올린 처제의 단단한 모성이
새벽답 첫 길을 열었다
뭉텅뭉텅 잘린 젖가슴의 살점을
부음訃音처럼 놓아 버린 빈 브래지어.

동치미

어머니의 작은 집 대문을 열어 본다
찰방거리며 닿는 바가지 소리
놀란 靑무가 박꽃으로 뒤척인다

한나절 발가벗기어진 만근의 신음이
얼마를 더 가야 할지 모르는 미명으로
축축하게 떠돌아다닌다
변태를 꿈꾸는 누에고치처럼 나는,
열린 대문으로 들어오는 하늘을 잡으려고 한다
어둡고 간기가 흐르는 옹정
인고의 세월이 몸 바깥에서부터
차츰 중심부로 살갑게 물들어 가면
비로소 바닥에 하얗게 닻을 내린다
질박한 어머니의 손길이
고요한 수면을 휘휘 젓고 들어와
내 몸을 한 번씩 만져 보고는
어머니의 어머니가 그랬던 것처럼
시린 손끝에 핀 박꽃에게 젖을 물린다

어머니의 꿈이 익어가는 작은 집

어린 손자가 항아리 속에서
뽀얗게 잠을 자고 있다.

밀물

아랫도리가 벗겨진 포구
진흙에 감춰진 엉덩이의 곡선이
스물스물 흔들리었다
등대의 불빛에 따라

하얀 긴 혀를 낼름거리며
사타구니로 점점 기어오르는
부드럽고 따뜻한 키스

아랫배에 힘이 들어갔다
마음 놓고 교성 한번
제대로 지르지 못했는데
포구에는 벌써 물이 차올랐다

물길을 좇아 온 실한 장어 떼들이
갯벌에 머리를 쑤셔 박고서야
물은 더 이상 차오르지 않았다

희열이 묻힌 엄숙한 고요

뒤엉킨 사랑이 제자리 찾아
아랫도리를 주워 다 입었을 때,
물새소리로 흐느끼는 포구에게
해풍이 눈치 없이 불어 갔다.

당신을 보면,

나의 집은 프라도 미술관
하루의 고단을 누드로 걸치고
마야부인처럼 누워 잠든 당신
눈을 뜬 마야는 나를 보고 있는데
눈을 감은 당신은 잠시 기도를 하는 듯
침묵만 입가에서 반짝인다
망각이라고 부르는 망각을 걸치고
아무 일 없듯이 누워 있는 당신,
문을 닫아 주세요
아닙니다 그것은 거짓말입니다
문을 활짝 열어 주세요
내 침실은 프라도 미술관인 걸요
유화에 젖은 생생한 풍경들이
건들바람에 발가벗는 한낮에도
전화는 쉴새 없이 울어댄다
당신, 잠들면 깨지 마세요
깨면 다시 잠들지 마세요 당신,
감출 수 없고 감을 수 없는
눈들이 많은 나의 집은 프라도 미술관.

변태

누이의 코맹맹이 소리가 수상하다
붉은 입술, 눈썹마저 파르르 떨며
두 가랑이 치켜세워 온몸을 비꼬는
누이의 움직임이 참으로 수상하다
탱탱해진 젖가슴 사이로
비로소 여자 냄새가 솔솔 나면
터진 처녀막이 절정에 가 닿아
누이의 입에서 날아 나오는
배추흰나비들
유충이 뒷물에 씻기던 날
누이는 죽음으로써 다시 태어나고
다른 또 한 세상을 창문 깨듯이
너무나 쉽게 벗어 던져 버린다
적응하는 시간조차 주지 않는
급박한 세상을 좇아가는
누이의 본래 모습이 참으로 수상하다.

엘리베이터 속 거울

다음 층에서는 누가 탈까
위선의 미소를 감추며
마지막 공정을 끝낸 라인에서
수직으로 떨어지는 무표정한 인형들
날마다 알 수 없는 건조한 진화에
사람의 따뜻한 눈빛이 그리워
쪽방의 칙칙한 침묵을 반사하여
건너편 거울에 눈치를 줘 보지만,
되돌아오는 것은 다른 또 하나의 침묵
순간의 눈길마저도 어색해
헛기침으로 기선을 제압하지
등지고 서 있는 야누스의 얼굴이
조금 전 그의 집으로 들어가
알몸으로 배회하며 여자의 속옷에다
수음으로 사정을 해대는
씁쓸한 변태의 욕망에도
처용의 활화산 같은 열정이 남아 있을까
지상으로 내려갈수록
거울에 나타나는 비수를 감추며
서로 다른 도시로 흩어져 가야 할

입구에서는 누가 또 기다리고 있을까.

잠자는 꽃

뒤란의 수더분한 살구꽃들이
연탄가스에 취해 제 몸 떨어뜨리던 날
어머니는 폐경기가 되었다
살구도 열리지 않았다
마지막 개짐의 냄새에
살구나무가지 끝에 초승달이 걸리고
바람은 혀를 차며 불어갔다
처마만 두들겨대는 살구나무가
아버지는 성가시다고 베어버렸다
어머니의 작은집도 문을 닫았다
신새벽 물을 길러 오던 발걸음들은
고적에 인기척을 남겨 놓고
어머니의 선잠만 퍼 담아 갔다
어쩌다 꿈속에서 살구꽃을 보면
붉은 달이 여전히 우물 속에 뜬다고
납덩이 같은 두레박을 던져 넣었다
우물 밑바닥에 닿은 두레박줄로부터
조금의 물기가 느껴지는 순간,
살구나무의 새순이
어머니의 새로운 어머니가 되어

군살 부푼 껍질을 찢으며
사르륵사르륵 돋아났다
잠자는 어머니의 젖가슴 위로
실한 살구들이 주렁주렁 매달려
자궁 속으로 들어가려 하였다.

배꽃

봄바람 부는 날
배꽃이 눈발같이 내리면
눈 맞아 야반도주한
수원고모 울음소리가 들려왔다
하얀 모시바람으로 오줌을 누던
수원고모의 뽀얀 엉덩이
배꽃 닮은 아이를 낳고 싶다던
고모의 돌배 같은 소원은
배꽃에 휘덮여 깊은 잠을 잤다
달을 물고 죽은 고모의
배꽃 같은 순결이
하롱하롱 피어나는 봄밤이면
배꽃에서 달이 또 떴다.

육시肉詩

칙칙 폭폭 그런 밤,
머릿속 건널목을 지난 기차는
좀체 새벽 종착역에 닿지 않는다
여전히 아랫도리를 울리는 기적소리가
칙, 폭, 칙, 폭
헛물만 켜고 내빼는 그런 밤이다
반반한 철길 위로
칙칙 폭폭, 칙칙 폭폭
민감한 소리들이 수은으로 흘러 내린다
칙폭 칙폭, 칙폭 칙폭 헐거워지다
칙칙칙칙, 폭폭폭폭 다시 조여들며
일격에 급소를 치는 그런 밤,
아내의 입에서 잘생긴 詩가
한숨처럼 터져 나온다.

팔랑팔랑

주름치마 끝자락이 팔랑,
아스팔트를 실신시키며 쓸고 간다
고인 양수 줄기 따라 팔랑,
돛처럼 나부끼는 나비 떼
돛폭에 감싸인 암내가 팔랑,
종아리를 타고 흘러 발끝에서 차인다
팔랑팔랑 허공을 헤엄치는
무수한 손과 발들
앞에서 뒤로 밀려난 기류가
사타구니를 굽이 돌아
자궁 입구에서 팔랑팔랑거린다
생명을 밀어내는 힘이
육신의 등짝마저 빨리가라고
팔랑, 노질을 해댄다
밀린 물살에 주름치마가
허벅지를 철썩이며 팔랑,
팔랑이는 여자를 밀고 간다.

자동세차기

물에 잔뜩 불은 금속빛 성기에
넝마처럼 너덜거리는 음모가
척척 엉겨 붙는다
모스부호를 울리며 질 속으로
빨려 들어가는 고압의 정액
기형의 웃음들이 천둥소리로
비닐하우스 천장을 두들겨댄다
잠깨지 못한 태아의 발이
흡입기에 빨려 들어가지 않으려는 듯
허방의 뒷걸음을 치지만
체액이 눅눅한 블랙홀로
능숙하게 밀어 넣는 컨베이어
울지도 못하고 탯줄도 없는
물방울 그림자 같은 속성의 풍경들
고압분사기에 시퍼래진 성기가
눈을 깜박이며 태반을 자른다.

천년학

어린 초생달이
솔가지 끝에 걸려
푸드득거리고 있었다

옥양목 너울거리는 살풀이에
가슴 저미는 영겁의 소리

혀 깨문 한 무리의 바다가
뭍으로 기어올라
버선코 닳도록 뒤치닥거리며
초생달을 물려고 했다

마음만으로도 날고 싶은
슬픈 몸짓이
썰물 뒤의 빈 모래톱에
끈적한 해풍으로 와 닿았다

잠이 든 서해바다로
오롯이 날아가는 천년학

어린 초생달이 춘장대,
서편 하늘 귀퉁이에서
아무도 모르게 초경을 시작했다.

허물

지난 밤 내내
신열로 앓은 꽃뱀 한 마리
아침이 되도록
겉옷조차 벗지를 못한다

땀에 젖은 야시시한 속옷이
눈에서 붉게 그려지는
한 조각의 비늘로 떨어진다

단내 나는 짧은 숨결로
몸뚱이만 내다버린 채
빈집을 지키고 서 있는
달의 체모 같은 이불이
또아리를 틀며 감기어 온다

봉분처럼 솟은 허물이
다시 안식을 찾아가는
못된 껍질을 벗고
스멀스멀 기어간다

찢겨진 콘돔 조각들이
방에서 나뒹구는
뻔뻔한 시간의 몸놀림
눈에 백태가 낀 꽃뱀이
당신 몸속에서 너불거리며
꽃을 그린다.

리모컨과 섹스를

텔레비전을 끄면
그와의 멍청했던 데이트가
흑백 인화지 속으로 사라진다
마른번개가 갈라놓은 화소들이
네 귀퉁이에서 수음을 해대며
부르르부르르 쫓겨간다
엄지 하나에도 달구어지는 門,
오르가슴까지 질주하는 조급증은
늘 설익은 배설로 싱겁게 쏟아진다
좌우의 젖꼭지를 꾹 누른다
진공관에 갇힌 교성들이 하얗게 질린 채
거울 속으로 숨어 들어간다
위아래의 입들을 살살 문지른다
그게 그것 같은 파트너들이 같은 체위로
자투리 사랑을 확인하려 한다
혼돈만 주는 뉴스가 체액으로 질질 흘러내리면,
비닐봉지가 넘치도록 치우지 못한
오염된 퇴적물을 초상화처럼 바라본다
단전된 이백이십 볼트의 전류가
찡찡거리며 온몸을 애무한다

버리고 싶은 내가 뜨거워진다
한 가닥의 주파수에 눈이 붉어진다
옷을 벗기는 파워스위치 손놀림에
섹스는, 언제나 눅눅한 잠을 깨운다
버려진 내가 버튼에 의해 삽입되는 날,
리모컨이 변태의 웃음으로 유혹을 한다.

모래시계

누드화를 그리다 눈이 맞았지
벌거벗은 몸뚱아리
항아리 같은 엉덩이를 맞대고
결코 만족할 수 없는 시간을
서로의 질 속에 밀어 넣었지
입으로 넘나드는
끈적끈적한 이질감에도
경계선을 분명하게 긋지 못하는 것은
사정이 끝나고 체위가 바뀔 때
내가 감내해야 할
내 시간의 절정 때문이었지
누드화를 그리다가
내가 훤히 내비치는
건조한 시간표를 보았지.

삶의 사유와 점멸, 들숨으로 소통하기

양은창(시인 · 단국대 교수)

—소통의 존재학

현대시는 변화하고 진화한다. 이 땅의 많은 시인들이 그 변화에 동참하고 진화하는 데 노력을 기울이는 이유는 시란 장르가 정형화된 틀에 갇혀 있지 않기 때문이다. 그럼에도 불구하고 변화하지 않는 것도 있다. 시인들의 자질에 따라 불변의 요소는 제각기 다르겠지만 시인에게서 불변하는 특정한 것은 시인 자신의 고유한 스타일이 된다. 그러나 모든 시인들은 하나의 진정성을 추구하는데 자신 또는 세계와의 소통이 그것이다.

무릇 소통은 지상에 존재하는 모든 사물들의 존재 방식이다. 홀씨가 만나는 바람도 소통이며, 나무의 수관을 타고 오르는 수액도 소통이다. 인간이 만든 길도 소통이며, 현대인들의 손에 들려있는 휴대폰도 소통이 인간에게 얼마나 지대한 존재 방식인지 극명하게 보여준다. 소통하지 않는 것들은 죽은 것뿐이다. 그러므로 살아있음을 증명한다는 것은 곧 소통과 직결된다.

시도 곧 살아있는 변화의 수용체라면, 그리고 진화하는 개념으로 이해한다면 소통의 수사학이다. 시의 맞은편에 독자가 있고, 주위에는 다른 시가 존재한다. 그리고 그 주위를 둘러 싼 모든 요소들과 시는 소통을 꾀하기 마련이다. 그러나 시의 가장 원초적인 소통은 결국 시의 존재적 원천인 시인 자신과의 소통이 아닐 수 없다. 이러한 자신과의 소통은 시인의 존재적 위상을 살피는 데 중요한 관건이다. 그 소통을 통하여 시인 자신이 꿈꾸는 세계를 엿볼 수도 있으며, 내밀한 심리의 세계를 여는 열쇠가 될 수도 있기 때문이다. 물론 자신과의 소통을 끊고 단절된 채, 고립된 시관을 견지하는 시인도 있다. 포스트모더니즘의 시 세계에서 시란 단순한 기호의 체계에 불과하므로 여실하게 내면의 세계가 드러나지 않는다. 그러나 전통적인 시 세계를 펼치는 시인들은 내밀한 내면의 세계를 시를 통해 드러내고 이를 통하여 우리가 살고 있는 세계와 소통을 꿈꾸게 된다. 이것이 오늘날 대부분의 시인들이 공통적으로 선택하는 소통의 존재학이다.

– 퇴화된 육체의 탐닉과 소통

권혁재의 시에서 우선적으로 만나는 대상은 육체의 탐닉이다. 실제 시인의 생활과는 결부되지 않는 이면의 세계를 접하다 보면 당혹감을 감출 수가 없다. '프라도 미술관'에서나 전시될법한 적나라한 육체의 탐닉에 보수적인 선입관을 지닌 독자라면 적지 않은 충격에 직면한다. 더욱이 실제 시인과의 연관성으로 시선을 옮기면 더욱 의문은 확대된다. 시인 자신이 곧 전통적이고 가부장적 세계에 갇힌 집안에서 성장했다는 사실과 특별한 '에로스 이력'을 소유한 적이 없어 서로 매치되지 않기 때문이다. 그러나 시인의 시에서 탐하는 육체는 에로스가 추구하는 유희의 세계가 아니다.

누이의 코맹맹이 소리가 수상하다
붉은 입술, 눈썹마저 파르르 떨며
두 가랭이 치켜세워 온몸을 비꼬는
누이의 움직임이 참으로 수상하다
탱탱해진 젖가슴 사이로
비로소 여자 냄새가 솔솔 나면
터진 처녀막이 절정에 가 닿아
누이의 입에서 날아 나오는
배추흰나비들
유충이 뒷물에 씻기던 날
누이는 죽음으로써 다시 태어나고
다른 또 한 세상을 창문 깨듯이
너무나 쉽게 벗어 던져 버린다

—「변태」 일부

실제 면밀하게 들여다보면 적나라한 육체의 탐닉이라도 시인이 직접 경험하는 에로스가 아니다. 그렇다고 여성의 성을 들여다보는 시각이 보수적이지도 않다. 너무나 쉽게 벗어던지는 여성성을 탓하거나 여성의 성이 지닌 비밀스러운 면을 드러내지도 않는다. 그 성을 통해 신성한 생명의 탄생을 내세우지도 않는다. 그렇다면 새삼스레 왜 성애인가? 그것은 자신이 선택한 생명이나 여성, 또는 미학적 세계와의 소통을 위한 방편으로 여겨진다.

"하얀 모시바람으로 오줌을 누던/수원고모의 뽀얀 엉덩이/배꽃 닮은 아이를 낳고 싶다던/고모의 돌배 같은 소원은/배꽃에 휘덮여 깊은 잠을 잤다"(「배꽃」 중에서)는 서사적 진술은 흡사 전통적인 한의 정서를 드러내는 것으로 볼 수 있다. "달을 물고 죽은 고모"의 "배꽃 같은 순결"이 봄밤마다 달로 뜨는 서사성은 익히 20년대나 30년대 전통적인 시가가 보여주던 한의 정서를 되새기게 한다. 그러므로 육체의 탐닉이 그저 현대사회가 추구하는 에로스적 유희의 세계가 아니라 이미 퇴화된 육욕으로서의 세계다.

불혹을 훌쩍 넘긴 시인에게 육체의 탐닉이 지배하는지 의문할 것도 없다. 영원한 육체의 해탈이 어디 인간에게 있을 법한 이야기인가? 그럼에도 불구하고 그에게서의 육체는 더 이상 에로스가 아닌 우리가 살고 있는 세계와의 소통의 기호학이란 사실은 자명해 보인다. "뭉텅뭉텅 잘린 젖가슴의 살점을/부음訃音처럼 놓아 버린 빈 브래지어"(「빈 브래지어」 중에서)에 이르면 성애는 사라지고 이 성애의 기호를 통해 시인은 간절하게 외부와의 소통을 꿈꾸고 있다는 사실을 발견하게 된다.

그렇다면 시인은 왜 이렇게 그의 시 전편을 통해 육체와의 퇴화된 탐닉을 서두르는 것일까?

> 눈치를 쓸쩍보며 즐거운 동굴을
> 첫 키스하듯 탐미하고 있었어
> 사타구니에서 시작된 동굴은
> 알리바바의 주문처럼 서서히 열리며
> 찬란한 보물을 보여 주었지
> 피할 수 없는 하얀 본능이
> 오줌보 부풀리며 탱탱해졌지
> 체모가 넝쿨처럼 얽혀
> 벽화를 그린 붉은 동굴
>
> —「붉은 동굴」 일부

위의 시에서 알 수 있는 바와 같이 육체의 탐닉은 시인에게는 중요한 아이콘이다. 더욱이 '붉은 동굴'과 연관관계에서 "다산과 생명의 무딘 창"에 이르면 에로티시즘의 세계를 만나게 된다. 그럼에도 불구하고 시인은 에로티시즘의 당사자가 아니라 방관자적 성격이 강하다. 자신이 직접 행위를 하지 않고 엿보기만 하는 관음증 증상이거나 진술만 거듭하는 행위를 통해 시인은 자신이 추구하는 욕망을 방출하는 목표와도 맞바꾸지 않는다는 사실을 알 수 있다. 단지 에로스의 이름표를 대신한 소통의 갈구가 전부인 것이다. 그리고 미학적 세계의 감추어진 내면을 넘어 대상과 소통하려는 절박함이 엿보인다. 분명한 것은 육체의 에로스가 목표가 아닌 그 너머의 대상을 추구한다는 점이다.

인간의 성애는 인간사가 지닌 모든 폭력적인 장면을 순화한다고 하지 않았는가? 이 세계의 무질서나 불협화음, 비생명성, 불모성 등, 타협하지 못하는 것과의 소통을 육체를 통해 소통하려는 것이다. 이것이 시인에게는 정화이거나 승화라고 할 수 있다. 그렇다고 인간 내면의 폭력과 야만성을 잠재우는 성녀와의 소통이라면 너무 당당해 보인다. 어디서 이런 과감성과 단호함이 오는지 궁금할 뿐이다. 그러나 곱씹어 보면 이러한 내면과의 소통이 있기에 노골적인 성애에도 결코 당황하거나 수줍어하지 않는다. 성은 유희일 때, 부끄러울 뿐이다. 일단 그 성애의 목적이 유희를 벗어나면 오히려 당당해지고 단호해지는 것임을 우리는 익히 알고 있다.

나의 공손과 최대한의 친절에도
부드러워진 적이 없는 아내의 젖가슴
얼굴만 더욱더 창백해진다
중력의 무게로 짓누르는 쓰라린 섹스에
아내는 점점 까무러친다
해약을 알리는 전화벨소리가
아내의 몸 깊숙한 곳으로 사정을 하듯
비명 지를 겨를도 없이 뭉텅 빠져 나간다

—「아내를 죽이고 싶다」 일부

시인에게 에로스가 수단이 아닌 목적이라면 "사타구니를 굽이돌아/자궁 입구에서 팔랑거리는"(「팔랑팔랑」) 것에 불과한 행위이겠지만 "나의 고통을 받는 아내의 몸은/고통의 또 다른 숙주/아내의 고통 아닌 고통을 죽이고 싶다/그런 고통을 받아주는 아내를 죽이고 싶다."(「아내를 죽이고 싶다」)의 절박함은 그의 진술이 단순한 수단이 아님을 알 수 있다. 닫힌 세계, 차단과 적막의 벽을 향해 시인은 가장 원초적인 에로스의 힘을 빌려 소통을 꾀하고 있는 것이다. "아내와의 잠자리에서도/나는 없다"(「투명인간」)와 같이 한몸과도 같은 아내에게서조차 느껴지는 벽을 허물 수 있는 것은 더욱 강렬한 수단이 동원되어야 한다. 흡사 그로테스크가 비현실적인 인물을 통해 현실에서 존재하는 거대한 악마적 힘에 대항하는 것과 같은 원리이다.

집에서건 직장에서건
늘 나는 제 위치에 있는데
나를 보는 얼굴은 누구도 없다
제대로 된 눈길 한번 맞춰주지 않는
불투명한 땅덩어리의 투명한 기도
거기에도 나는 없다
아무도 보는 눈길들이 없는 곳에서
오늘도 나는 혼자 밥을 구역꾸역 먹는다
물방울처럼 그렇게 나는 증발되고 있다.

—「투명인간」 일부

이처럼 철저하게 익명화된 세계에서 시인이 소통하고자 극단적으로 선택한 것이 에로스이다. 대상에게 철저히 정복당하고 정복하는 성애는 인간의 몸이 소통할 수 있는 최고의 경지이다. 남녀가 서로 교섭하는 눈빛과 눈빛, 몸과 몸, 말과 말, 체액과 체액의 교섭은 극단적인 소통의 한 예를 보여준다는 점에서 시인이 꿈꾸는 수단으로서의 완벽한 조건을 지니고 있기 때문이다.

이미 현대인의 존재가 소외라는 개념에서 정립된 것은 오래전이다. 시인은 여기에서 더 나아가 '물방울처럼 증발' 되는 지경에 이른다. 따라서 시인이 선택한 방법은 인간이 오래전에 터득한 생물학적 본성을 통해 현대가 짓누르고 있는 존재의 익명성을 회복하려는 몸부림으로 이해된다. 그러므로 그 에로스를 통한 수단은 정작 에로스를 비껴난 퇴화된 소통을 위한 탐닉이라고 할 수 있다.

–정감적 사유에 머문 정서의 점멸

권혁재의 시에서 에로스가 중심이 된다는 사실만 직시하면 전통적인 정서와는 거리가 먼 현대적 사유의 시인으로 읽혀질 가능성이 농후하다. 시인들의 시 세계는 단순한 일면을 지니고 있지는 않다. 권혁재 시인 역시 앞서 언급한 에로스의 세계와 견줄 수 있는 정감적인 정서를 발현하는 영역대를 지니고 있다.

흔히 시인의 시세계는 그 시인의 삶의 궤적을 따라가는 것과

같다 한다. 그렇다면 시인이 현대화된 도시 근교 농촌에서 유년기를 보내고 정서를 축적했다는 사실만으로도 정감적인 세계의 지향은 개연성이 짙어진다.

> 풋보리들이 부스스 일어나
> 간밤에 떨어진 별똥별을
> 이슬 핥듯 주워 먹는 아침나절에도
> 어머니는 돌아오지 않았다
> 끊을 수 없는 그리움이라고
> 갈잎 서걱이는 그믐밤에
> 어머니께 쓴 편지는,
> 하늘 속에서 삐라처럼 흩어져
> 지붕 없는 우체국으로 반송되어 왔다

—「지붕 없는 우체국」 일부

전통적인 가계에서의 가족들이 인연의 매듭을 엮고 인정론적 세계관에서 벗어나지 않는 시세계를 보여주는 것 또한 시인이 지닌 뚜렷한 시 세계이다. 그런데 주목해야 할 것은 전통회귀의 주정적 세계에 매달리거나 천착하지 않는다는 특징을 지닌다. 앞서 언급한 바와 같이 시인이 자란 배경이 한국에서 가장 첨예화된 강대국의 군사시설이 자리한 것과 근년에 군부대의 이전으로 옛 터전을 상실했다는 사실은 시인 자신이 전통적 세계에만 천착해 있을 수 없다는 사실을 증명한다. 특히 정감적 세계와는 뚜렷한 경계를 지닌 작품 또한 편재되어 있기 때문이다.

평택 삼리三里에 비가 내렸다
저탄 더미 속에 들어간 빗물이
검은 까치독사로 기어 나왔다
석탄재 날린 진흙길 따라
드러누운 경부선 철길

—「토우」 일부

아랫도리를 검게 드러내놓은 갯벌에
이젠 벗지 않아도 될 밀물도 들어오지 않았다
아이들이 띄운 연이 하천부지에 떨어지던 날
토지분쟁 소송에서 패소를 하였다

—「북해도」 일부

시인이 닿아야 할 정서는 정감적 세계의 정서이다. 그러나 그 정서는 이제 희미한 배경으로만 남아 실제의 삶에서는 등불이 되지 못한다. 근대화되어가는 한국사회의 대부분의 농촌이 그렇듯이 주변 도시에 흡수되고 전통적인 것은 하나 둘 사라져 그 자리에는 크고 번듯한 시대가 들어선다. 그 번듯한 시대에 번듯한 직장을 갖고 배움을 얻었으나 원초적으로 갈망하는 시인의 뇌리에는 과거가 끊임없이 점등된다. 순간적인 점멸 속에서 시인은 자신의 고향을 떠올리거나 도시화되지 않는 과거를 기억할 뿐이다.

인간에게는 누구나 장소애가 있다. 토포필리아적 감성의 세계는 원초적으로 어머니의 자궁에서부터 고향에까지 변주되지만 그 공간에서 안주를 느끼고 척박한 현실을 안락했던 과거로 되돌리는 심리적 근간이 된다. 앞서 언급한 소통의 부재는 여기서도 동일하게 존재한다. 그러나 다른 여타의 대상을 통해 꿈꾸는 것에 비해 정감적인 세계와의 소통은 순간에 불과하지만 그 세계를 스스로 경험한다는 사실이다. 이는 자신의 유년의 경험이 실전적이고 사실적이었던 것과 관련이 있다. 구체적인 기억을 통해 형상화를 하기 때문이다. 따라서 유년의 절대적인 우상인 어머니는 정감적 세계를 점등하는 통로가 된다.

인고의 세월이 몸 바깥에서부터
차츰 중심부로 살갑게 물들어 가면
비로소 바닥에 하얗게 닻을 내린다
질박한 어머니의 손길이
고요한 수면을 휘휘 젓고 들어와
내 몸을 한 번씩 만져 보고는
어머니의 어머니가 그랬던 것처럼
시린 손끝에 핀 박꽃에게 젖을 물린다

—「동치미」 일부

위의 시는 어머니를 통한 정감적 세계와의 소통이 시인에게 얼마나 절박한 것인가를 보여주는 예이다. 이는 그만큼 상대적으로 시인이 도달하고자 하는 세계가 역설적으로 멀리 있음을 드러내는 것이기도 하다. 그만큼 시인에게 잃어버린 것이 도처에 산재해 있음을 알 수 있다.

한편, 여기에서 주목할 것은 어머니의 동일한 대상으로 자리매김해야 될 누이의 경우는 어머니를 대신할 수 없다. 이는 근대적 도시화에 다른 신구 세대의 세계관의 반영으로 이해된다. 누이는 이미 현대의 그림자를 쓰고 다니는 정감적 세계와는 결별한 대상으로 그려진다는 의미이다.

유충이 뒷물에 씻기던 날
누이는 죽음으로써 다시 태어나고
다른 또 한 세상을 창문 깨듯이
너무나 쉽게 벗어 던져 버린다
적응하는 시간조차 주지 않는
급박한 세상을 좇아가는
누이의 본래 모습이 참으로 수상하다.

―「변태」 일부

누이의 예외적 역할을 제외하면 정감적 세계에서의 어머니 역할은 파괴되지 않는 유년을 정서를 점등함으로써 시인은 과거와 소통한다. 과거는 자신이 꿈꾸는 유토피아적 세계였다. 그러나 철저하게 함몰된 현실에서 시인이 얻을 수 있는 것은 비극뿐이다. 이 비극에서 벗어나는 길이 정감적 세계로의 회귀이다.

시인이 상정한 이 정감적 세계의 특징은 부정일지라도 행복

한 부정에 해당한다. "할머니의 군살 부푼 눈물이/은비늘로 쏟아지는 애저녁길/집배를 끝낸 할아버지가/별빛 소인이 찍힌 수취인 불명의/편지를 든 채, 별의 걸음으로/서해 속으로 빠져 들어갔다"(「지붕 없는 우체국」)는 기억에서도 시적 자아는 기다림을 층층 쌓아 올려 기억을 더듬어 간다. 그 기억이 끝에 시인이 잃어버린 세계가 가로놓여 있다. 이 잃어버린 세계와 소통을 위한 정서의 점멸이 그의 시를 이루는 또 하나의 근간이다.

—삶의 각성과 세속으로부터의 일탈

권혁재의 시가 지닌 특징은 앞에서 언급한 에로스적 관점과 정감적 세계의 점멸이 돋보인다. 그러나 그 이면에는 시인이 경험한 치열한 각성이 엿보인다. 이러한 각성은 흔히 정신적 사유를 통한 종교 세계와도 밀접한 관련이 있다.

흡사 권혁재의 시에 드러난 에로스적 시각에만 머물면 모더니즘적 세계관과 관련지을 수 있으나 그 바탕에는 역전적인 동양적 정서가 도사리고 있다. 특히 불교적 사유라 인정할 수밖에 없는 초월적인 세계가 가로놓여 있기 때문이다. 이는 시인의 시적 기반이 동양적이고 전통적 정감의 세계에 뿌리내리고 있음을 알 수 있다.

갈치구이 살 바르는 젓가락에
금속성 비명소리가 집힌다

바다를 먹은 납의를 벗어
팥알만 한 사리를 꼭 물고
여전히 염불 중인 은갈치
죽어서도 행선을 나가는지
뼈들은 지나온 쪽으로 출렁이며 누워 있다
끝없는 고행이 적멸에도 닿지 않아
뼈들은 앞쪽으로 나가지 못한
겹겹의 화살표를 세워 물비늘을 턴다
등뼈를 우두둑 세워 가부좌를 틀면
풍경을 치며 쏟아질 것 같은 뼈사리
심해로 치닫는 은갈치의 눈망울이
바다의 밀경처럼 떠밀려 와
사리 서 말을 부려 놓는다.

—「뼈사리」 일부

동양적 시의 정신주의는 삶을 통한 각성에 그 특징이 있다. 이러한 삶의 깨달음으로 하여금 미천한 삶의 파천하고 해체하여 정갈한 몸으로 변화한다. 결국 시적 자아가 추구하는 궁극적인 삶의 경계가 현실을 초월한 삶에 있다는 뜻이다. 구차한 삶의 굴레를 벗는 것이 시인의 사명이며, 도리라고 믿는다면 권혁재의 시는 이미 그 세계에 닿아 있다. 시집 전편에서 발견되는 이와 같은 각성은 그 통로를 부처라는 대상을 설정한다는 데서부터 지향하는 의미가 선명해진다.

산대박에서 부는 골바람을 하도 맞아
전신이 골병들고 천 년하고도 반 년을
제자리서 소변 한번 제대로
보지 못하였는데

내려가는 길에 해우소에 들러
나 대신 시원하게
소변이나 보시고 가시게나
하, 그게 또 詩더라.

—「서산 마애불, 말씀하시다」 일부

부처는 마음으로 뜻을 전한다. 이심전심이란 시가 곧 부처이며, 부처가 곧 시와 통한다는 뜻이기도 하다. 그렇다면 시인은 부처를 통해 무엇을 말하려는 것인가? 모든 의미가 단절된 세속에서 말하지 않고도 소통하는 방법을 얻기 위함이다. "천 년 동안 돌가루로 마지를 드신 내공"을 시인 자신도 갖고 싶은 것이다. 그 내공은 말할 것도 없이 막히고 단절된 모든 세계로 소통하려는 시인 자신의 희구임을 물론이다.

일반적으로 시인은 자신의 현실적 존재에 대한 의문을 가진다. 그 의문 속에서 자신이 처한 존재적 상황을 진단하고 파악된 상황을 중심으로 자신이 나아가야 할 방향을 설정한다. 특히 진단된 세계의 현실이 존재에게 위험을 지닐 경우 존재의 안위를 도모하는데, 그 수단이 속악한 현실을 제어하고 대항할 수 있는 논리를 지닌 깨달음의 세계이다. 시인은 세속을 헤쳐

나갈 최선의 수단을 부처에게서 찾은 것이다. 이는 종교적 단위와는 구분이 된다. 맹목적인 따름과 믿음의 세계라기보다, 현실에서 각성한 정당한 논리를 우선하기 때문이다. 따라서 일반적으로 부처의 진리를 따르는 것이 아니라 사물이 지닌 논리적 우열을 부처의 종교적 세계와 결부시켜 정신적 무장을 한다는 특징이 있다.

한편, 이러한 정신주의는 현실을 도외시하거나 도피하는 수단으로 사용될 우려가 있다. 현실의 상황을 도외시하고 대상을 객관화하여 삶의 깨달음만을 얻기 위한 방편은 현실에서 직면한 문제를 첨예하게 다루기보다 비켜서서 내면적 수양을 지향하기 때문이다. 물론 현실에 깊이 관여한 시들의 편력이 보이지 않는 것은 아니다. "토지 분쟁에서 패소한 날/울음바다가 된 소작농 부락"(「雨期」)처럼 속세에 관여하는 시편들도 보인다. 그러나 현실의 반영은 그의 시가 추구하는 궁극적인 방향은 아니다. 여전히 현대사회에서의 불명성에 대한 시인 자신의 소통이 가장 큰 줄기이며, 이를 통한 방편이 대세를 이루기 때문이다.

길에서 길을 뜯어 먹으며
열사를 건너는 혜초의 걸음인 듯
눌러 붙은 족적을 보고나서야
배 밑 비늘로 걸었을 간단없는 만행이
그의 튼실한 행선의 나날이었음을
떠밀려간 길들이 헛바늘로 돋아나

밀경처럼 떨쳐버리지 못한 독이 되었음을,

—「외불」 일부

시인은 혜초처럼 참선을 통해 이 세상과 소통하고자 한다. 에로스를 통한 절실함과 정감적 정서의 점멸처럼 관심의 대상을 내부로 옮겨와 단련하고자 한다. 그럼에도 불구하고 시인은 현실과의 소통이 그리 녹록치 않다고 진단한다. 부처에게서조차 발견되는 '독'이란 현실에서의 소통이 힘든 과정이며, 외면적으로는 해결할 수 없는 것임을 드러내기 때문이다.

시는 시적 자아가 경험하는 바를 진술하고 궁극적으로는 시적 자아를 위한 자족적 형태로 성립한다. 그렇다면 권혁재의 시는 결국 내면의 소통을 위한 자기관심의 자족적 세계로 귀결되는 여정을 거친다. 스스로에게 내리는 삶의 진단을 통해 담금질하며 완성으로 나아가는 것이다. 이러한 시인의 노력이 이 세상을 바꾸기에는 미약하고 부족한 것은 사실이다. 그럼에도 불구하고 시인의 정신이 지향하는 세계는 결코 덧없는 것이 아니다. 그 덧없음을 채우는 방법이란 살아있는 호흡을 통해 끝없는 소통을 꿈꾸고 그 소통으로 하여금 자신의 존재적 위상을 설정하는 것이다.

—들숨으로 소통하기

앞서 권혁재의 시는 절실한 현실에서의 소통의 수사학이 지닌 특징에 대하여 지적하였다. 그러나 시인은 절실함의 강도와는 달리 과장하지 않는다. 에로스의 세계에서는 탐닉의 대상을 관조하거나 진술할 뿐이다. 정감적 정서의 세계에서는 점등하려는 노력을 보일 뿐 체념하는 한숨을 보이거나 절망하지도 않는다. 더욱이 삶의 각성과 세속으로부터의 일탈은 스스로의 내면에서 다져지는 담담함으로 일관한다. 이러한 뚜렷한 특징에서 결론지을 수 있는 것은 내부로의 수용과 감내이다. 들숨으로 모든 대상을 자신의 내부로 끌어들이는 전략이 돋보인다. 이것이 권혁재 시인이 선택하는 보편적인 시 세계의 전략이다.

한편, 들숨은 수용이며, 이 수용의 차선이 날숨이다. 날숨을 통해 육화된 모든 결과를 토하고 배출하는 것이 원리이다. 그러나 권혁재의 시에서는 날숨이 보이지 않는다. 이것은 그만큼 들숨으로 소통하는 전략을 사용하고 있다는 뜻이며, 날숨을 활용하지 않는다는 것은 내면을 통한 전략을 구사하고 있음을 뜻한다.

드는 것이 있으면 나는 것이 있게 마련이다. 그럼에도 불구하고 권혁재의 시는 날숨이 보이지 않는다. 이는 아직도 시인의 내면이 비어있다는 증거이다. 무엇이든 비어 있어야 채울 수가 있다. 더 채울 수 있다는 공간이 남아 있는 시인의 내면이 수용할 수 있는 폭이 얼마나 큰지 그것은 시간이 말해줄 것이다. 들어차기만 한 내면에서 무엇이 터져 나올지 그것은 그가 가는 길을 조용히 따라가다 보면 알게 될 일이다.

문학의전당 · 시인선 71
투명인간

ⓒ 권혁재 2009

초판인쇄 2009년 4월 25일
초판발행 2009년 4월 30일

지 은 이 권혁재
펴 낸 이 김충규
펴 낸 곳 문학의전당
출판등록 제387-2003-00048호(2003년 9월 8일)

주 소 121-718 서울특별시 마포구 공덕2동 404번지 풍림VIP텔빌딩 202호
전화번호 02-852-1977
팩시밀리 02-852-1978
블 로 그 http://blog.naver.com/mhjd2003
전자우편 mhjd2003@naver.com

I S B N 978-89-93481-21-1 03810

*이 책의 판권은 지은이와 문학의전당에 있습니다.
*양측의 서면 동의 없는 무단 전재 및 복제를 금합니다.
*잘못된 책은 바꿔드립니다.